Questo Libro
Appartient à

Colora Questo Fenicottero

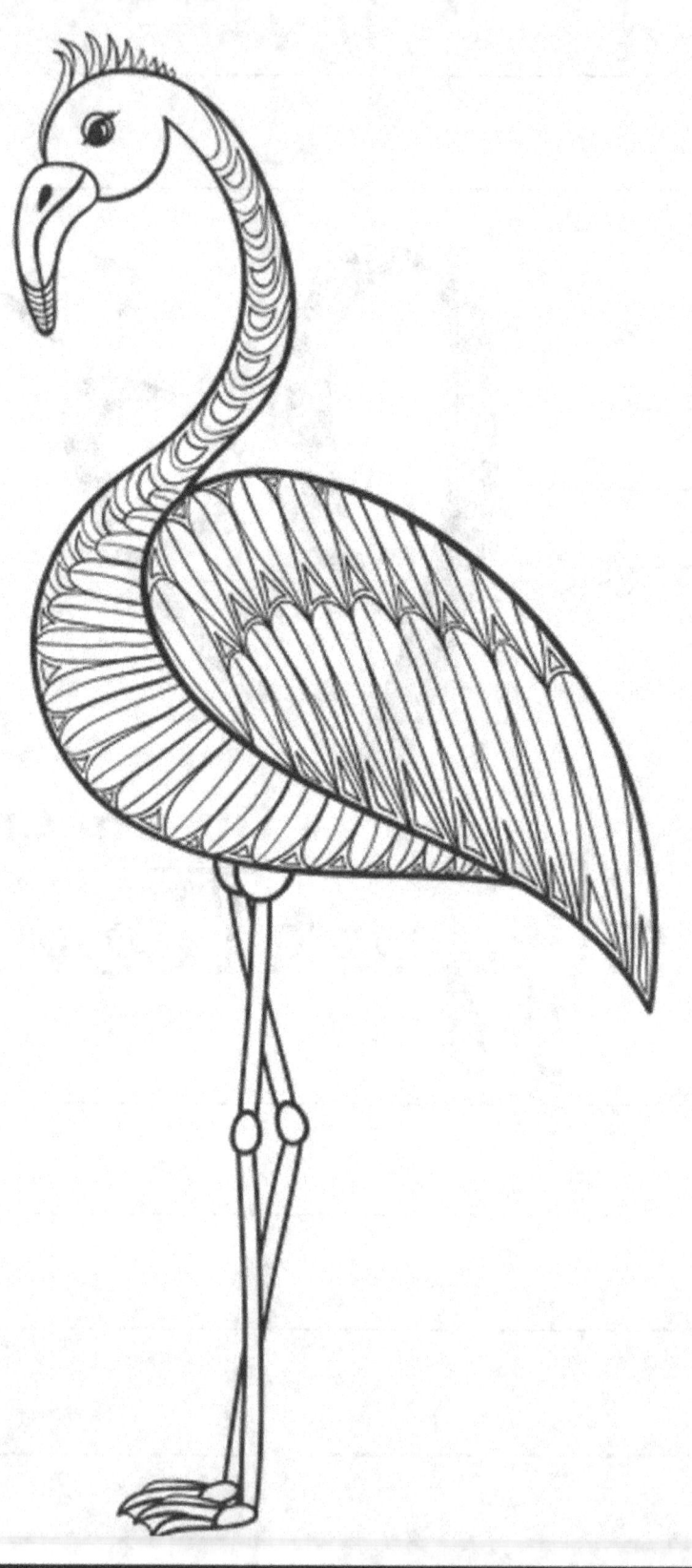

Colora Questo Fenicottero

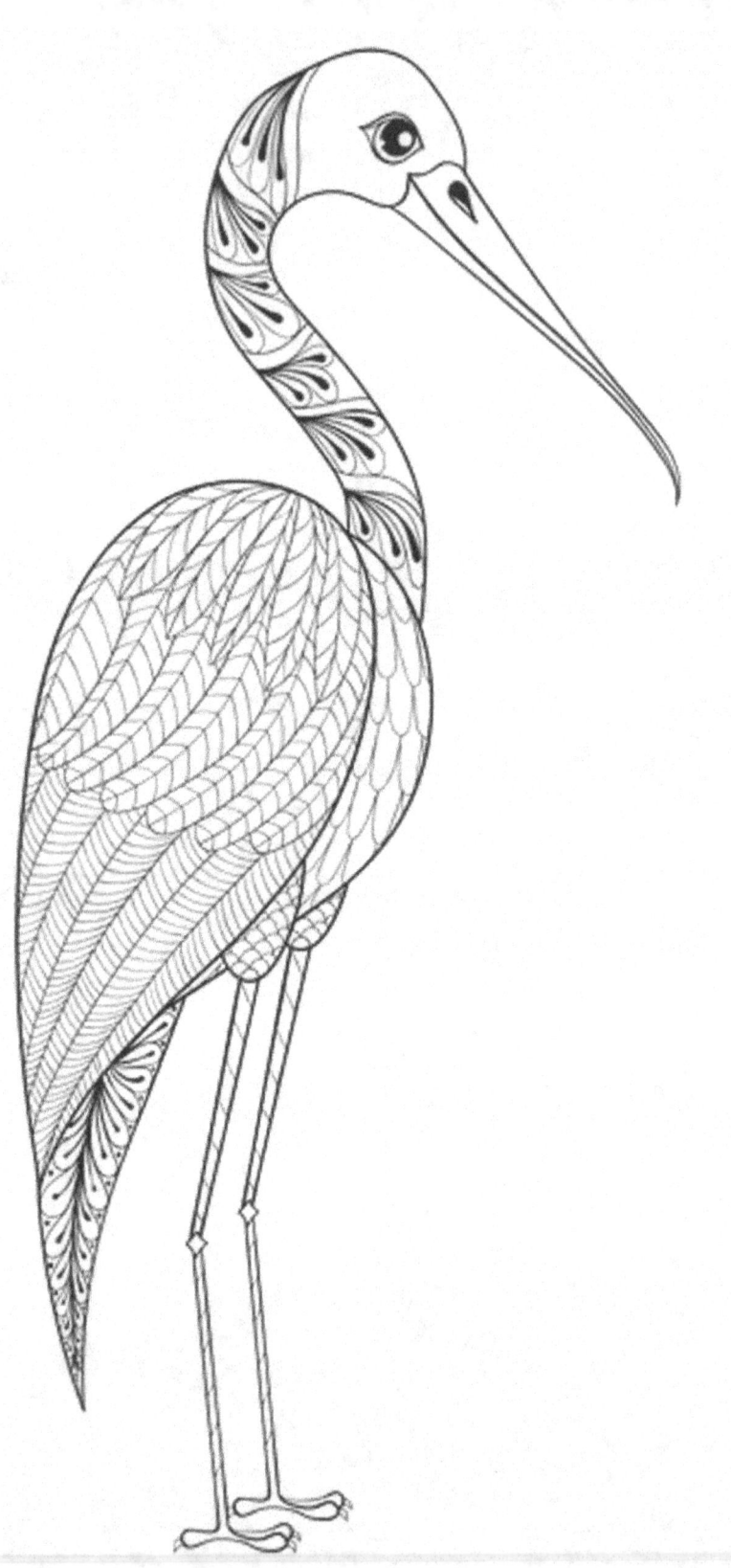

Colora Questo Fenicottero

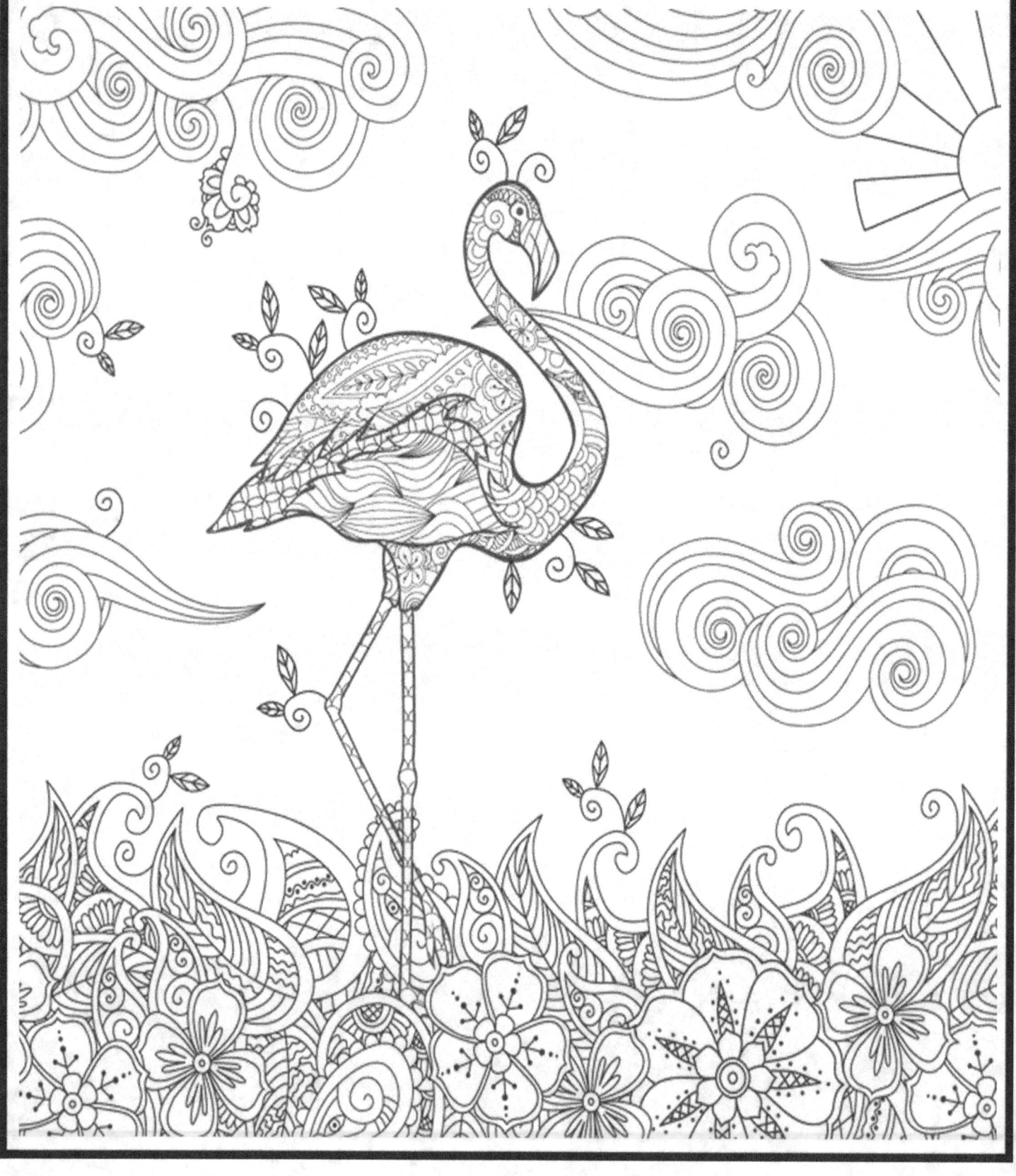

Colora Questo Fenicottero

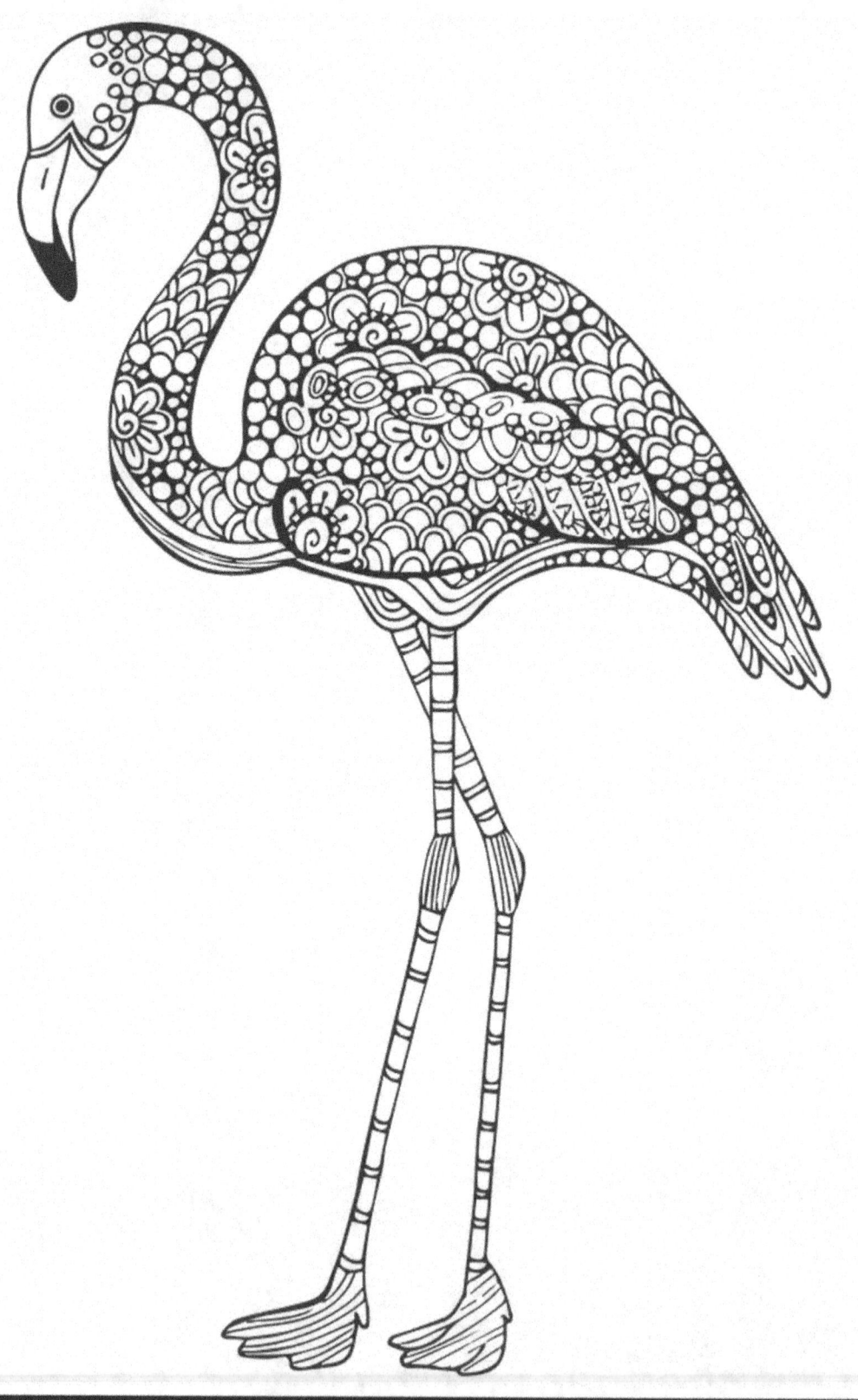

Colora Questo Fenicottero

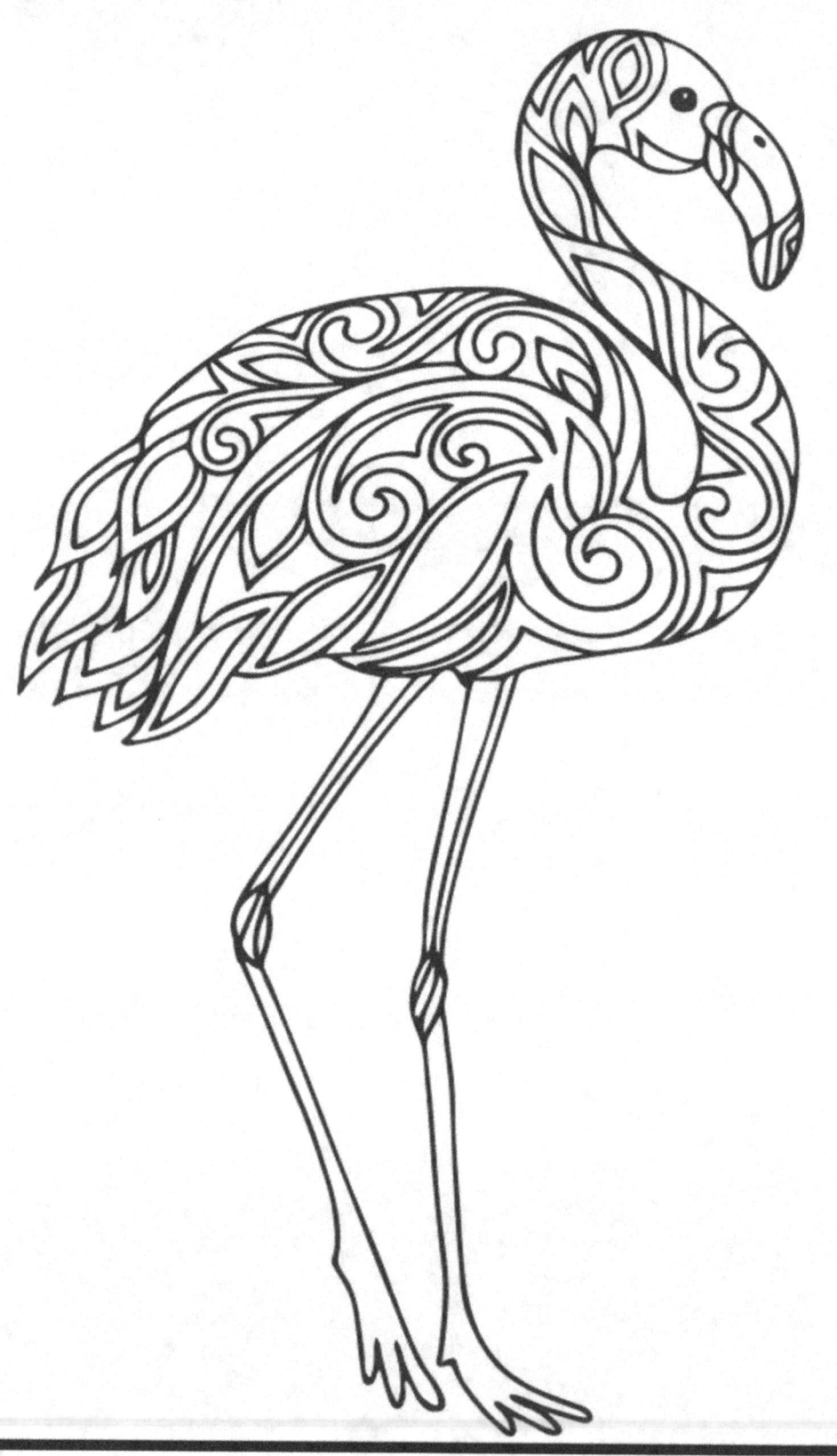

Colora Questo Fenicottero

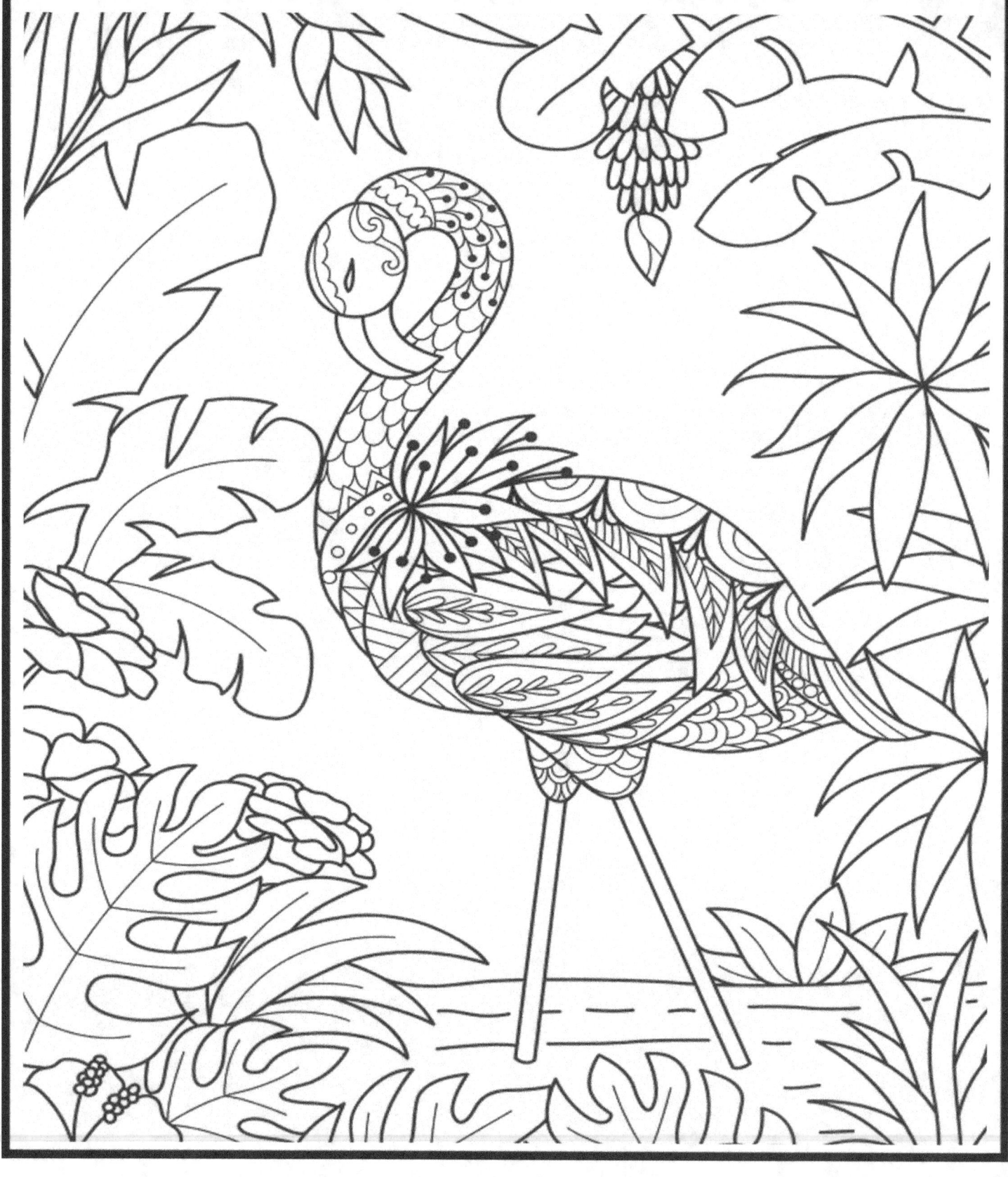

Colora Questo Fenicottero

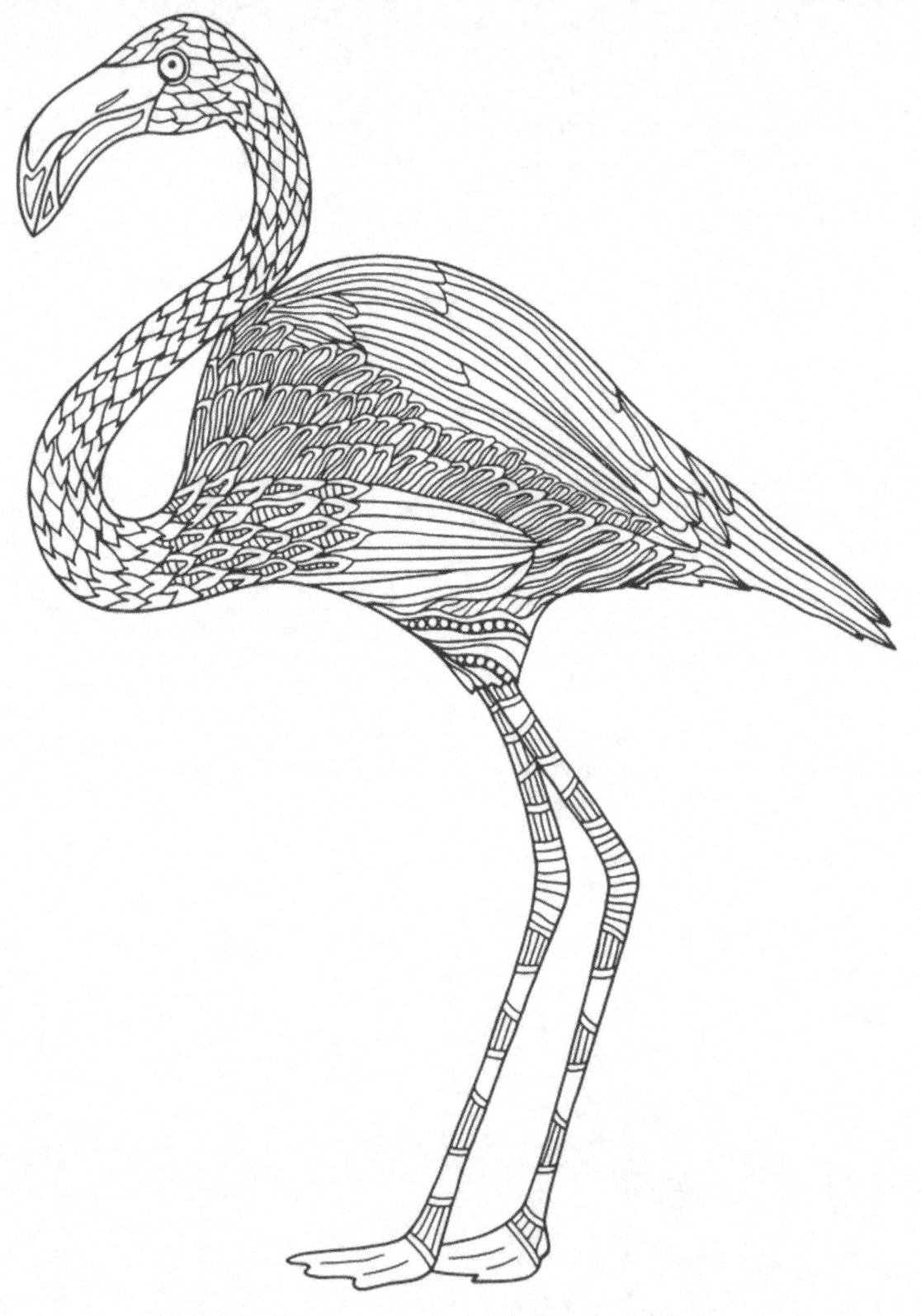

Colora Questo Fenicottero

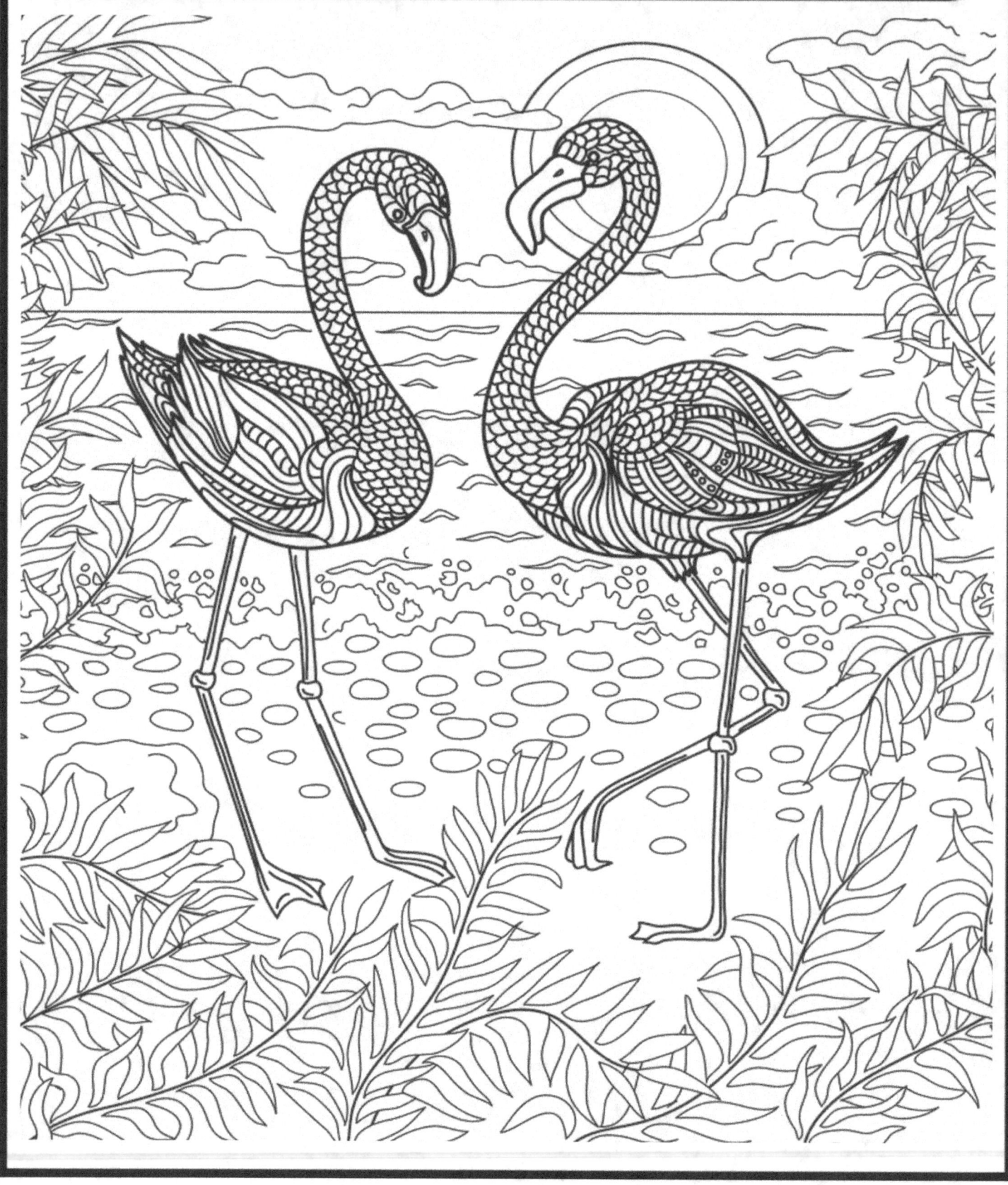

Colora Questo Fenicottero

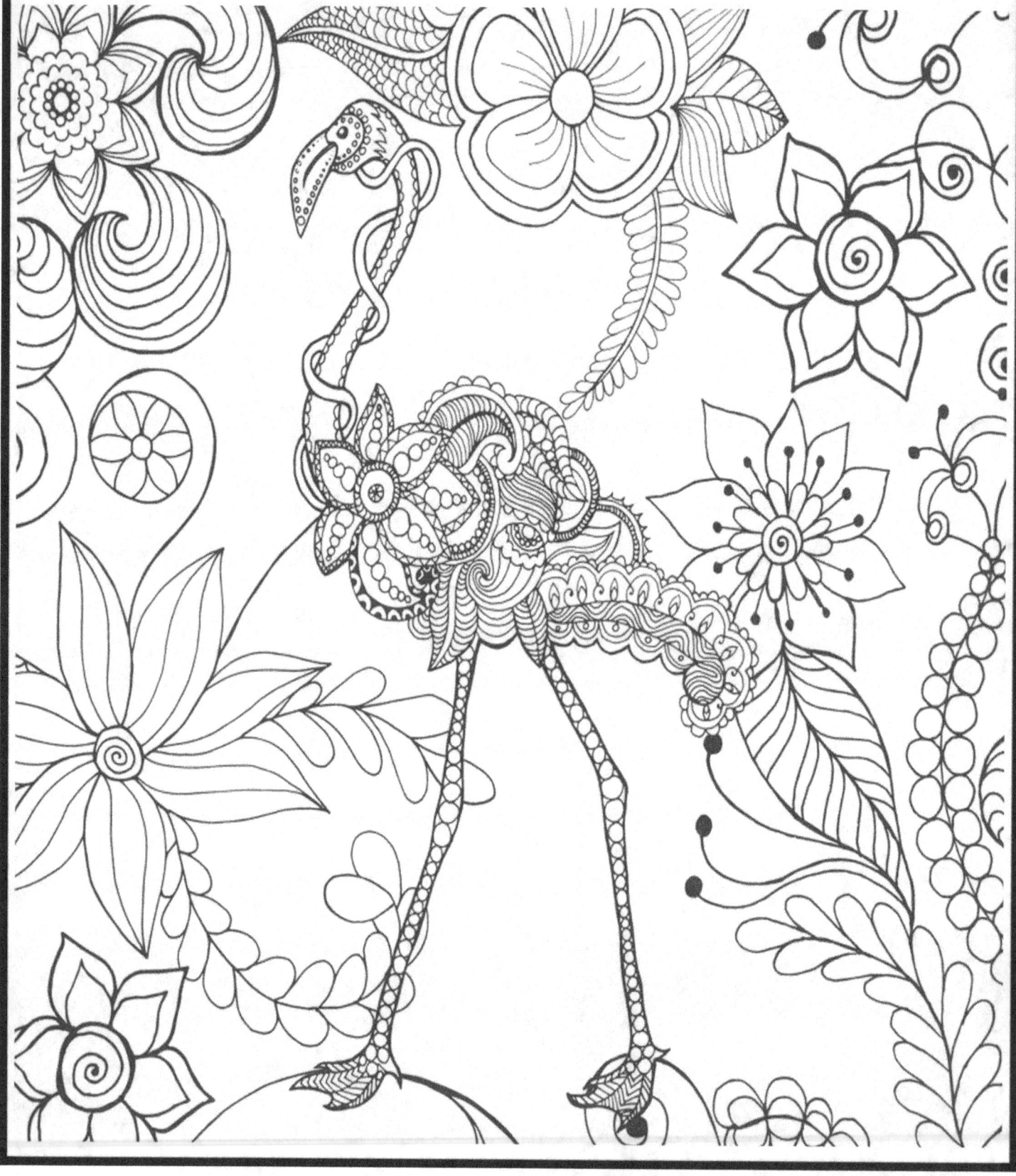

Colora Questo Fenicottero

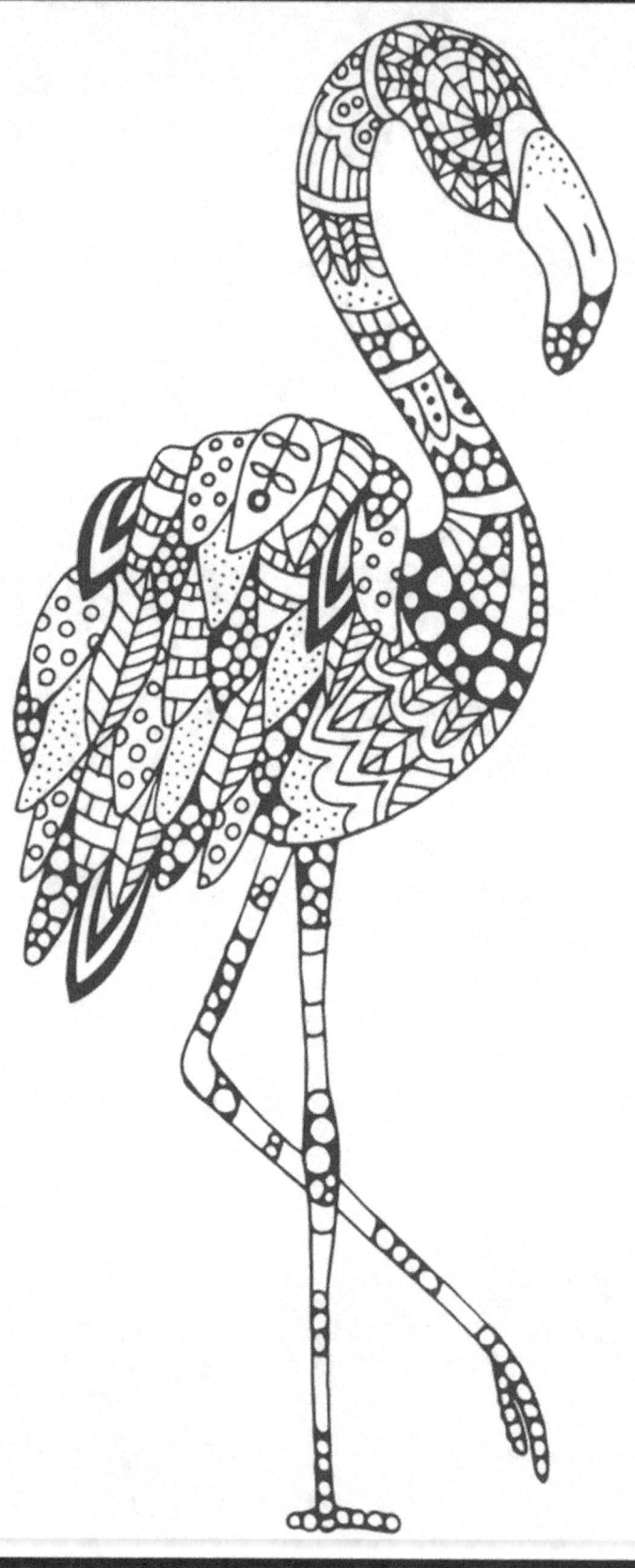

Colora Questo Fenicottero

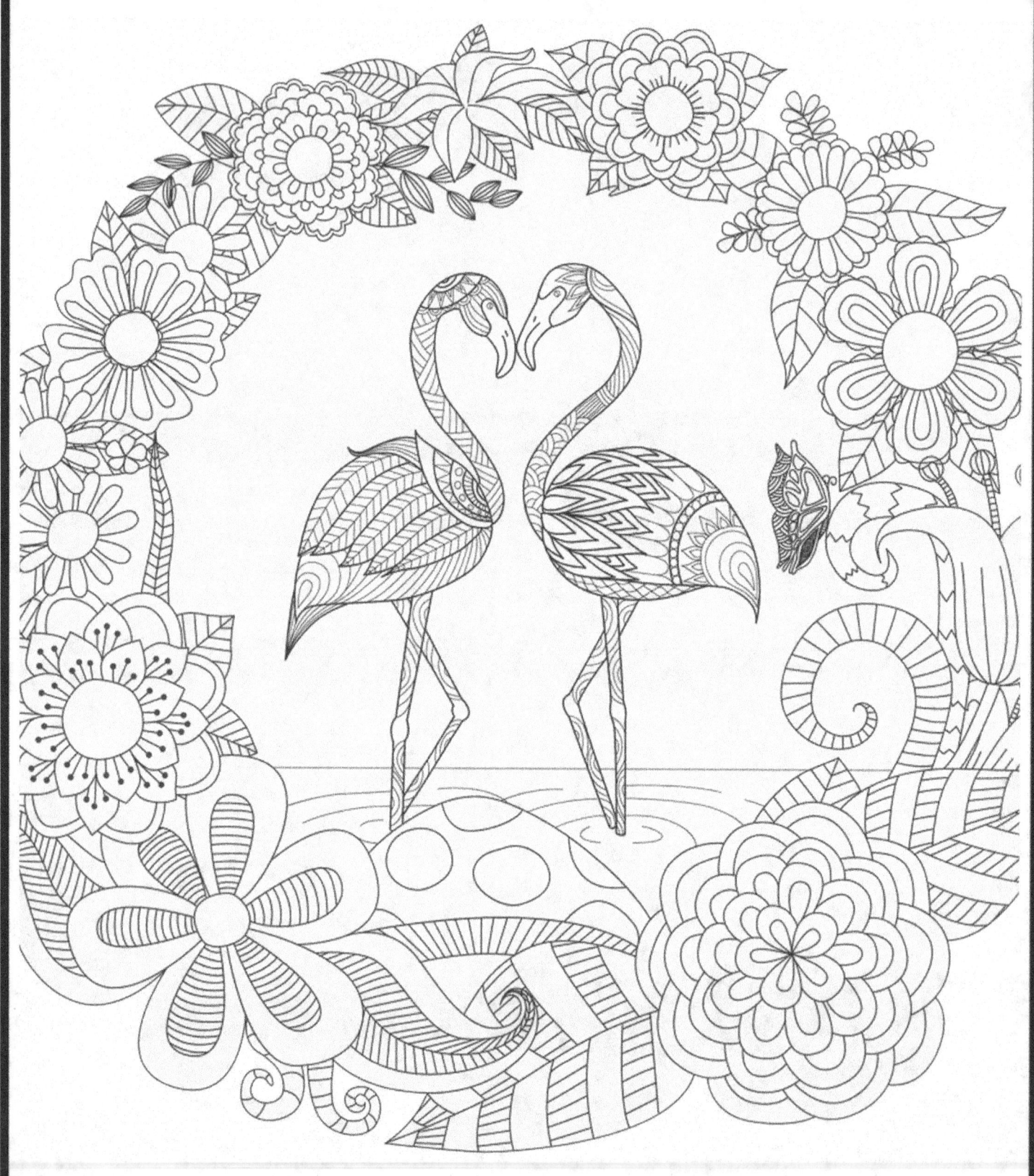

Colora Questo Fenicottero

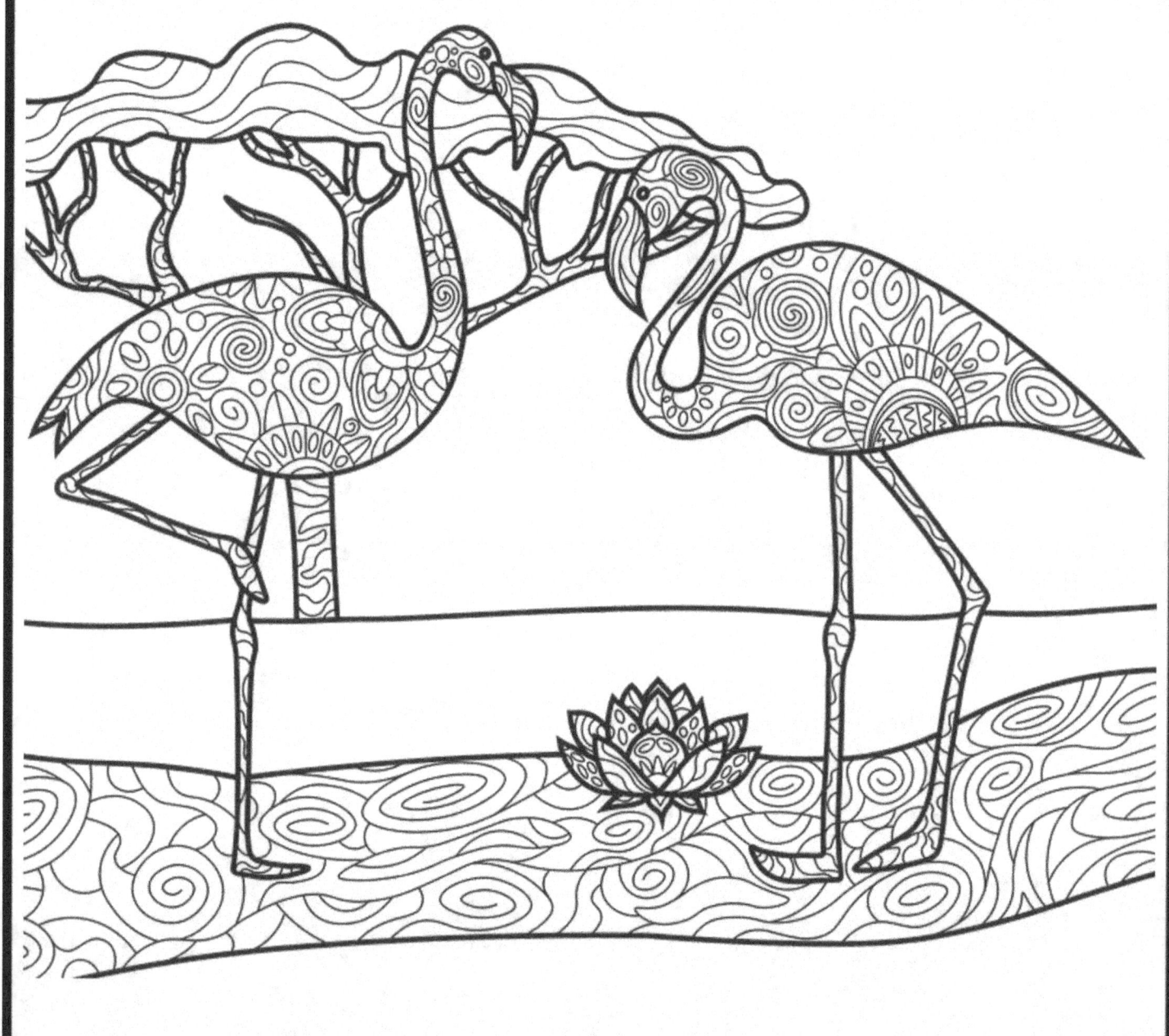

Colora Questo Fenicottero

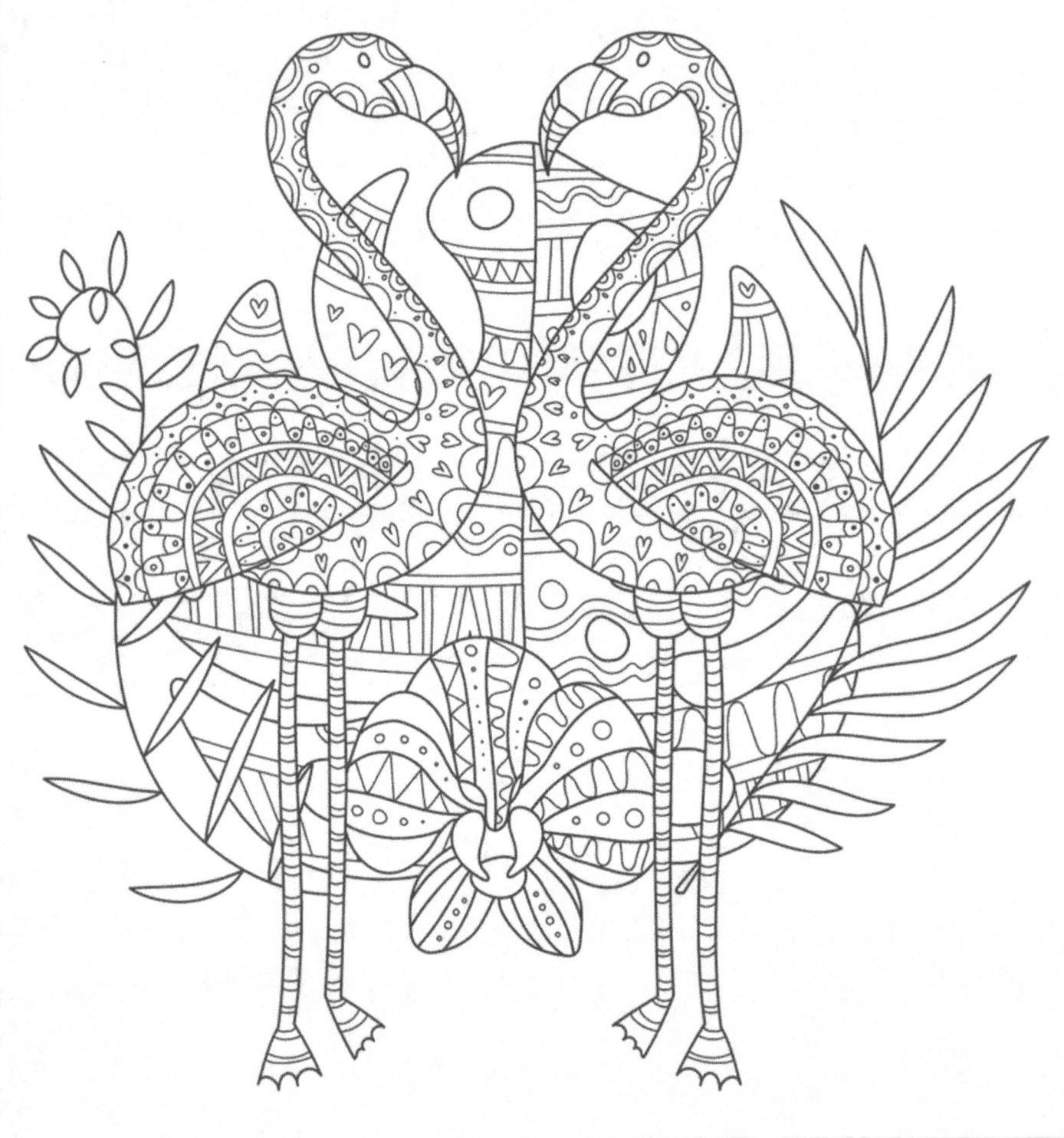

Colora Questo Fenicottero

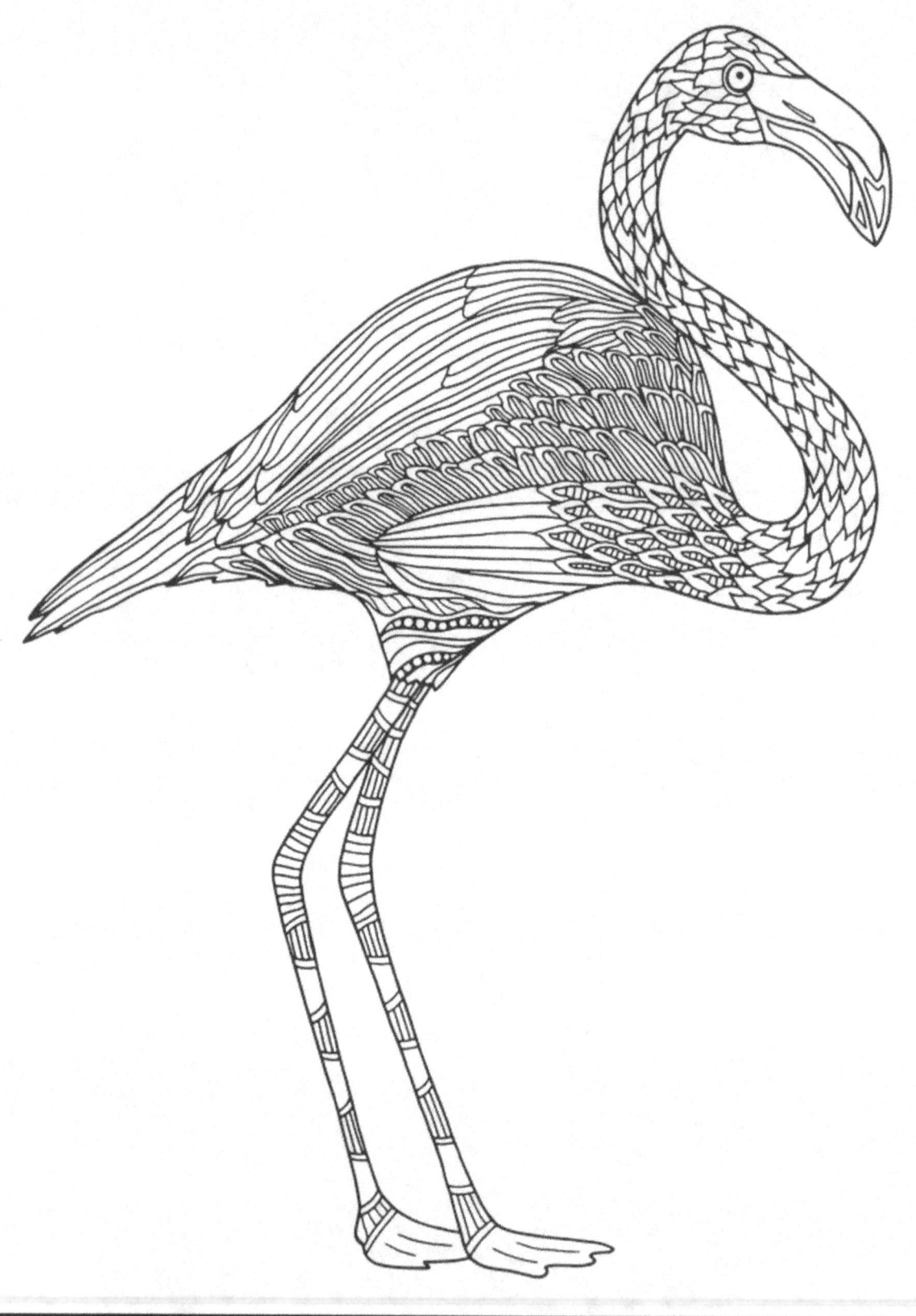

Colora Questo Fenicottero

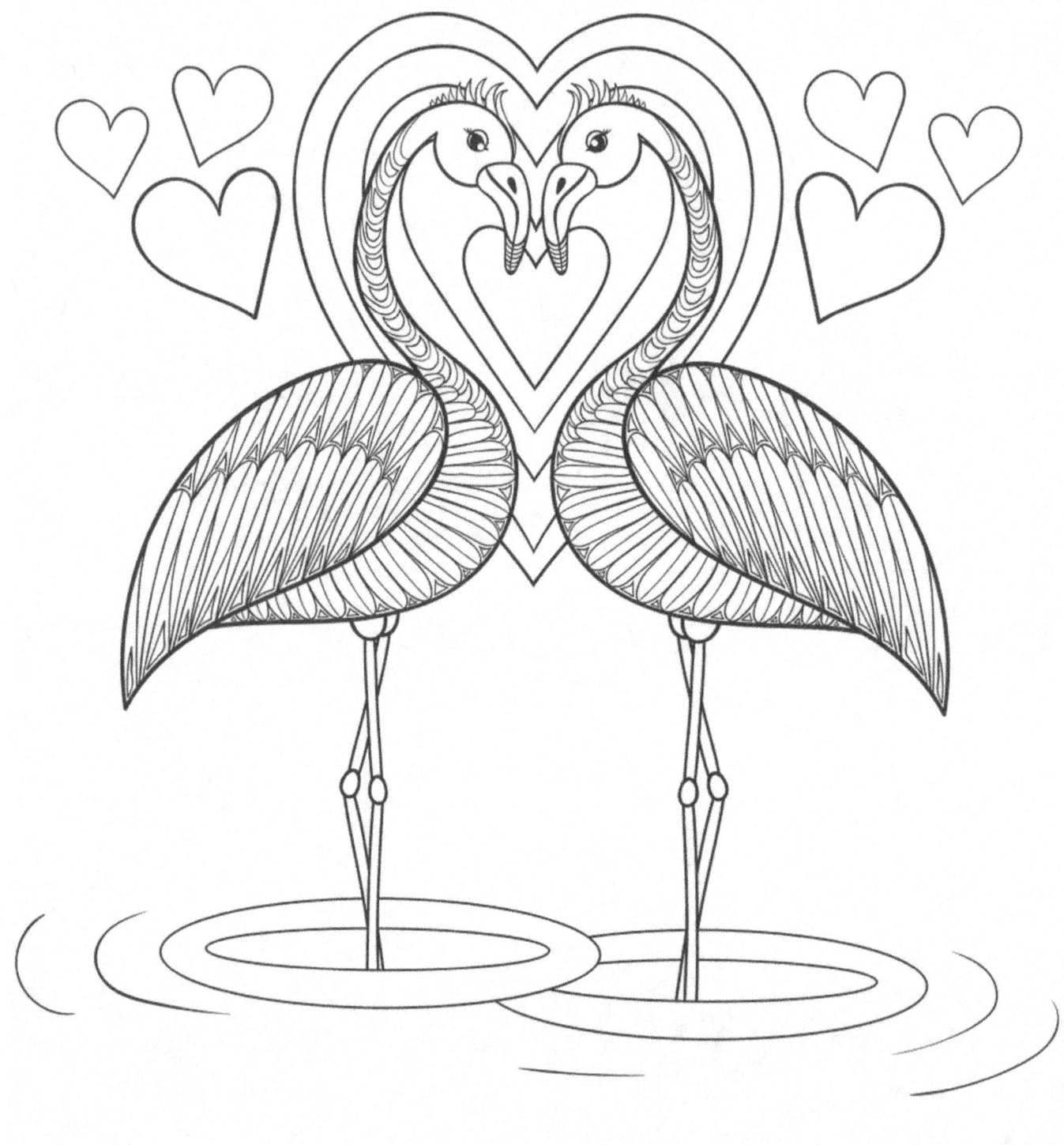

Colora Questo Fenicottero

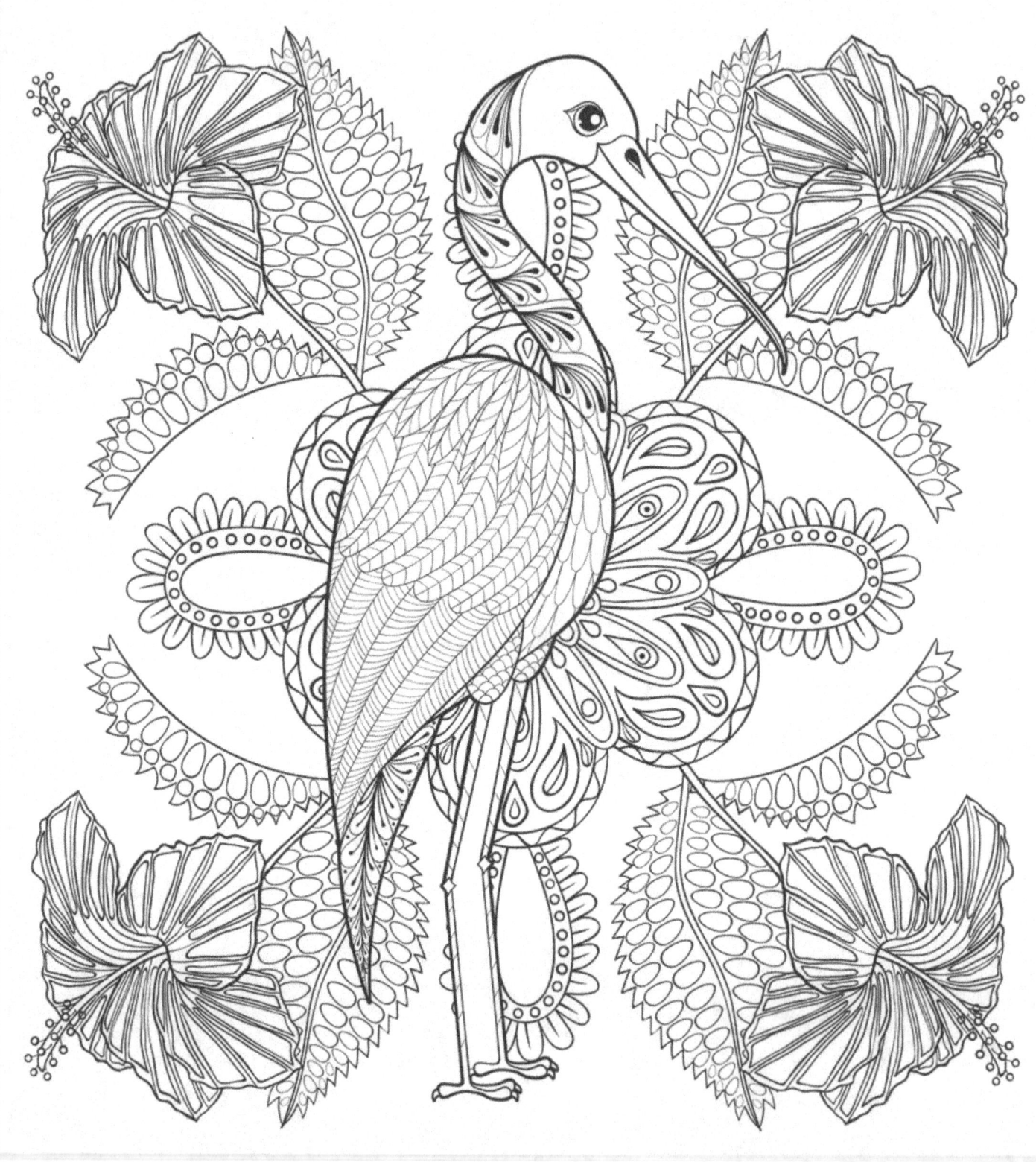

Colora Questo Fenicottero

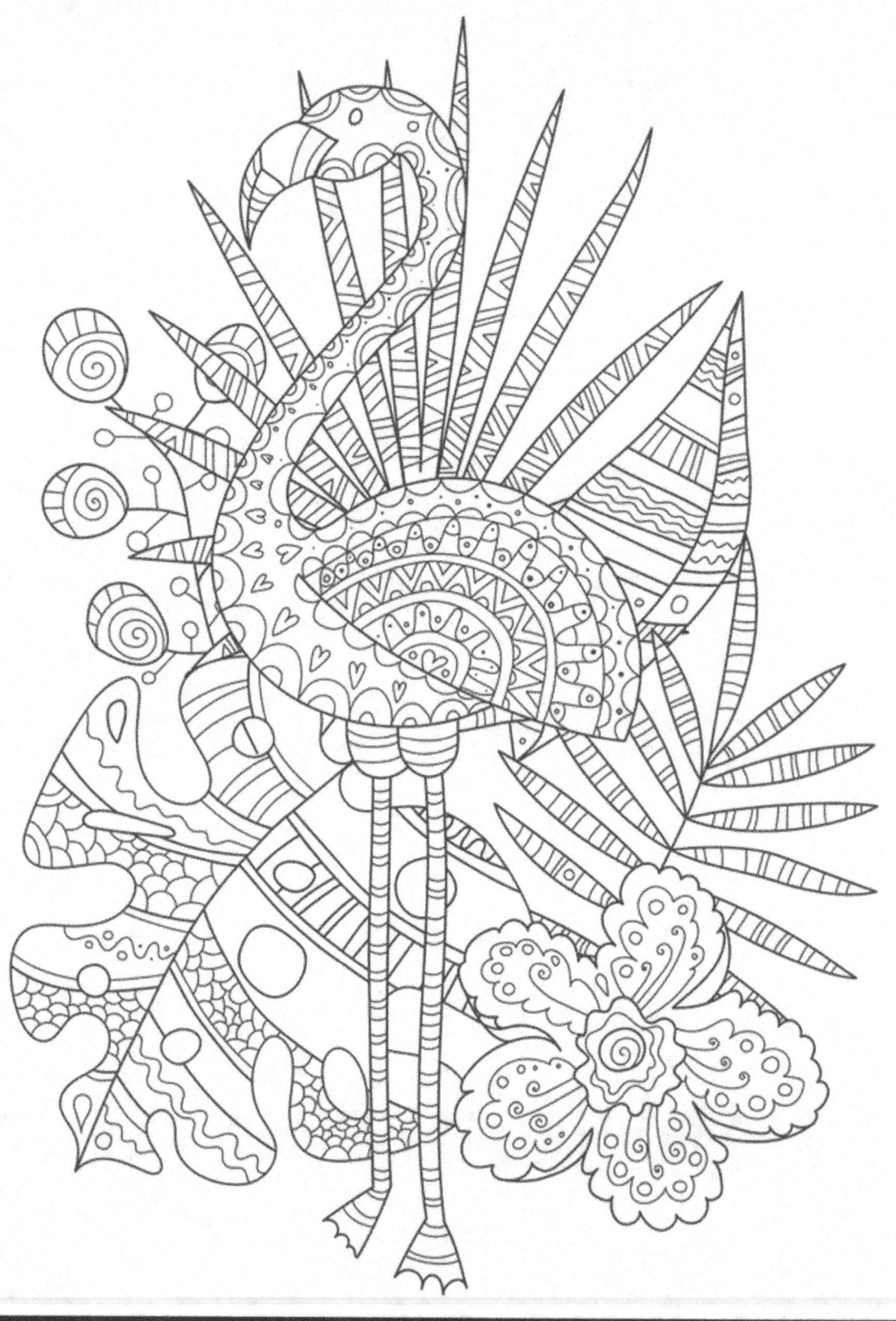

Colora Questo Fenicottero

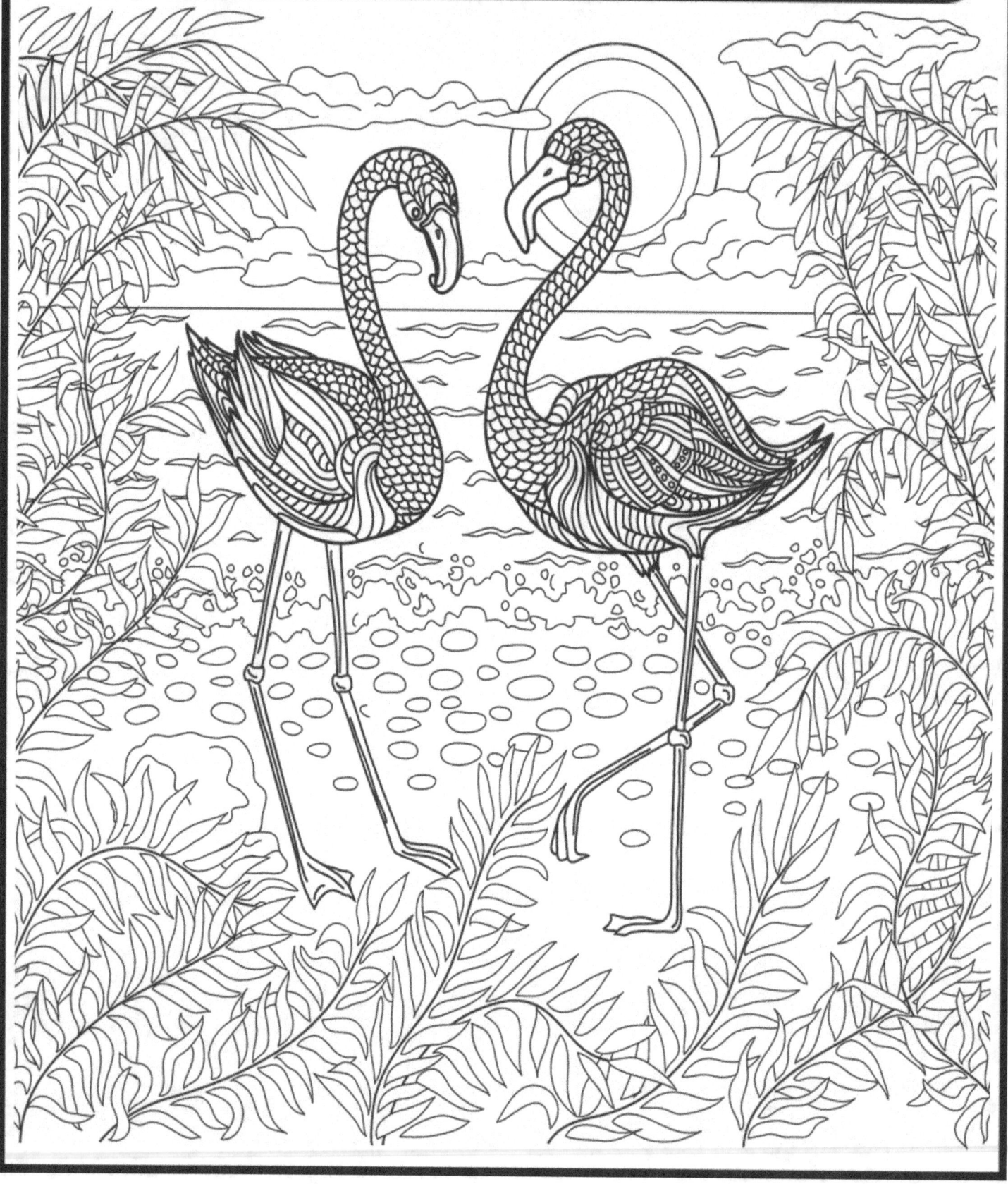

Colora Questo Fenicottero

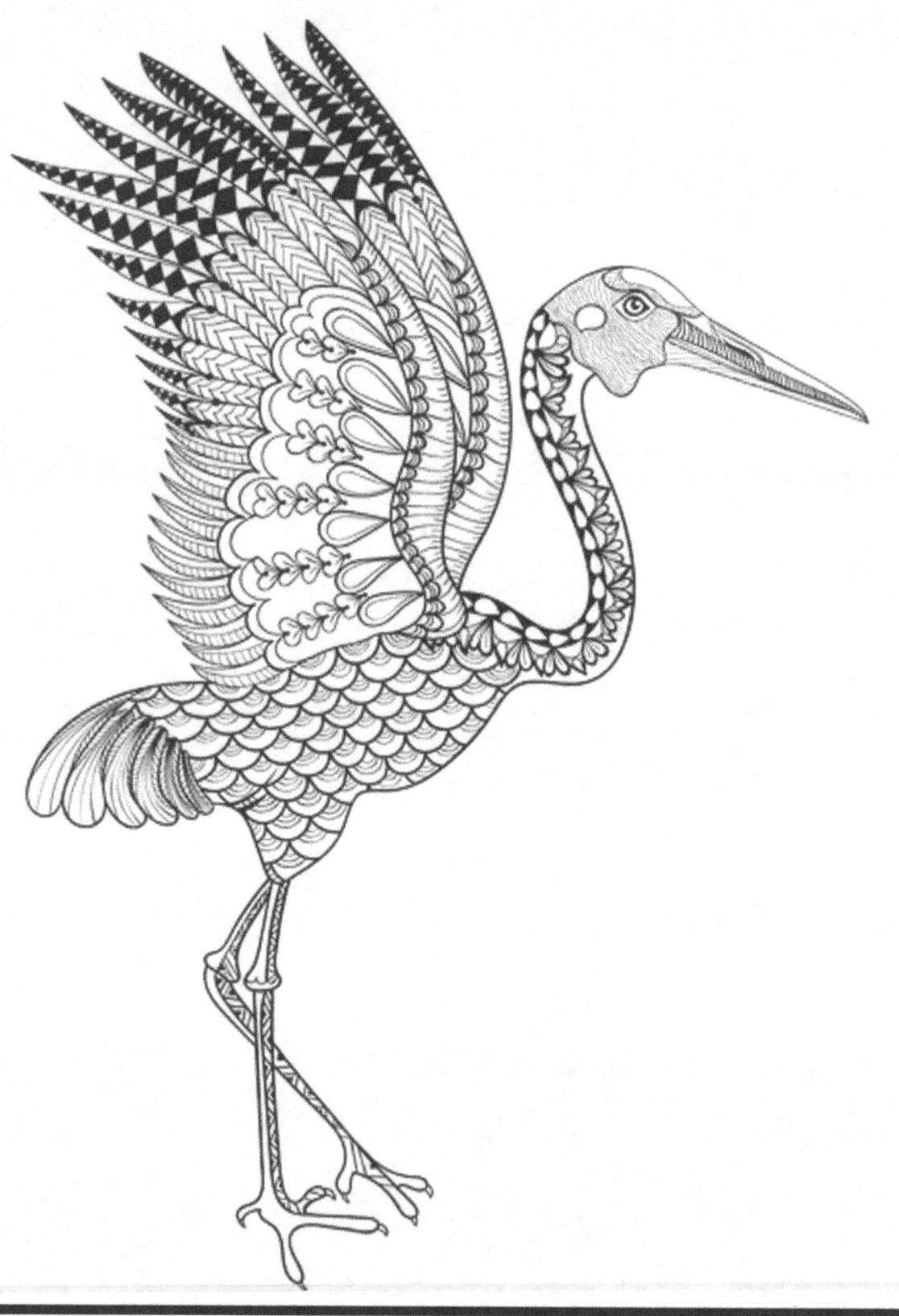

Colora Questo Fenicottero

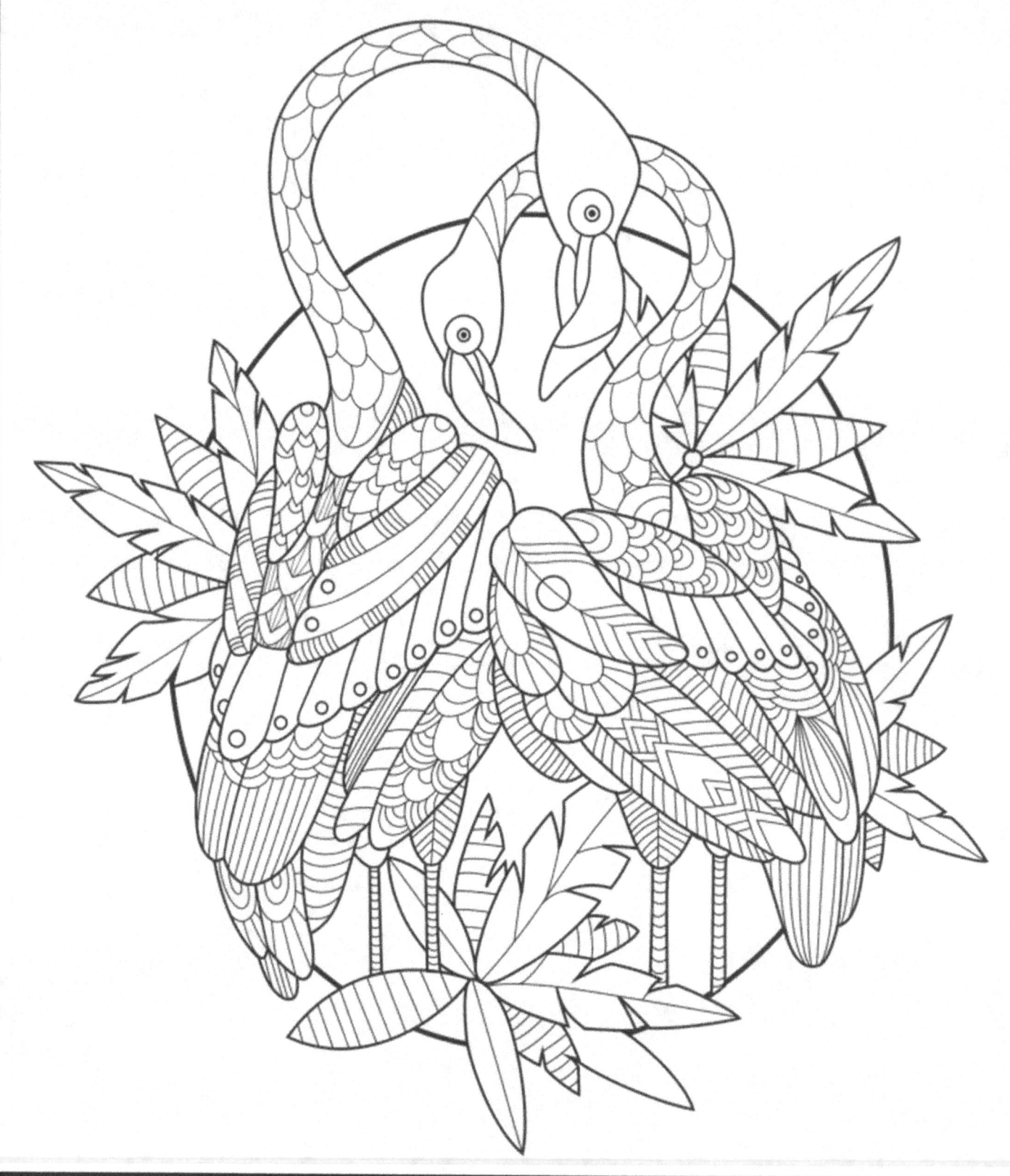

Colora Questo Fenicottero

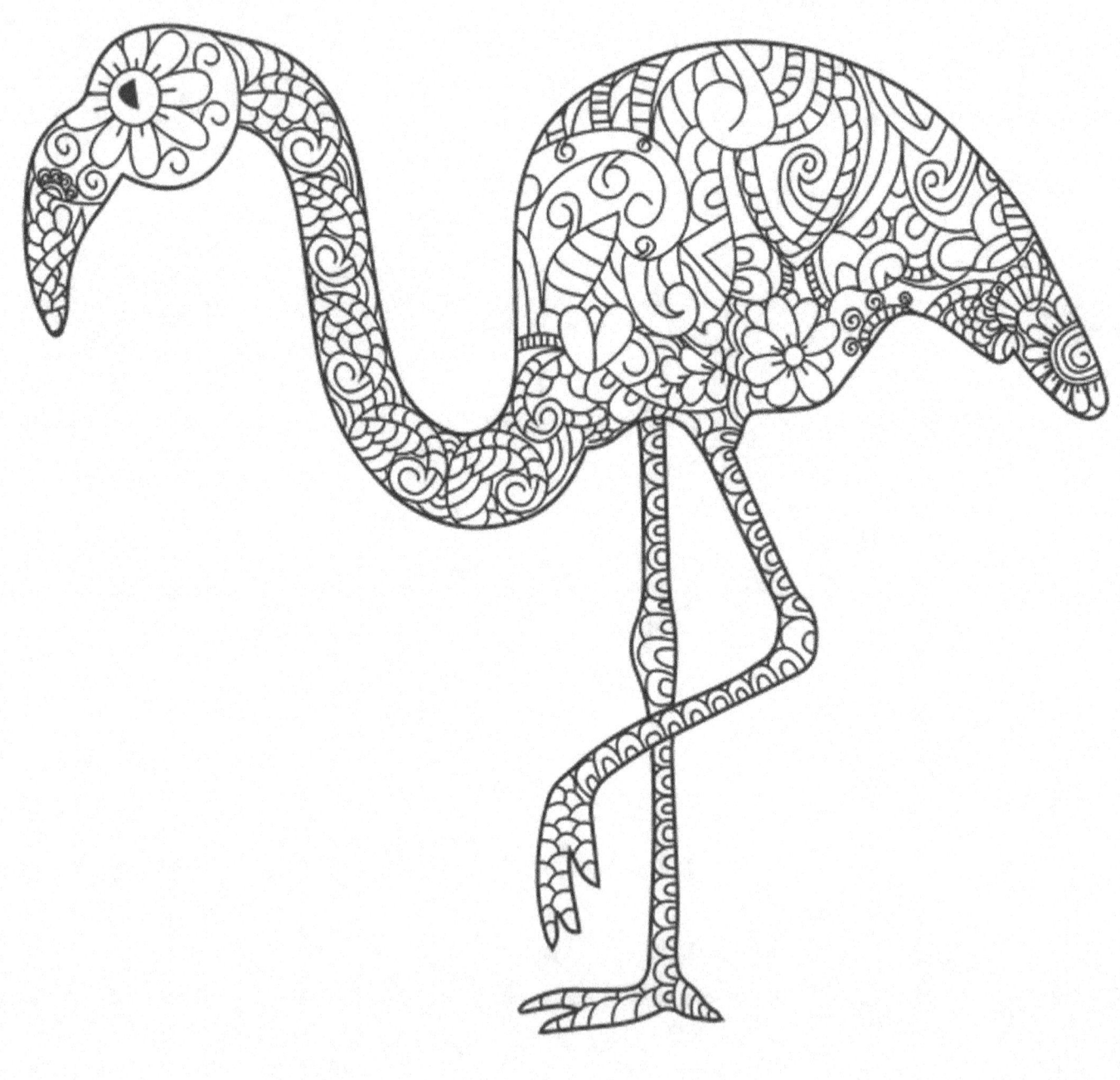

Colora Questo Fenicottero

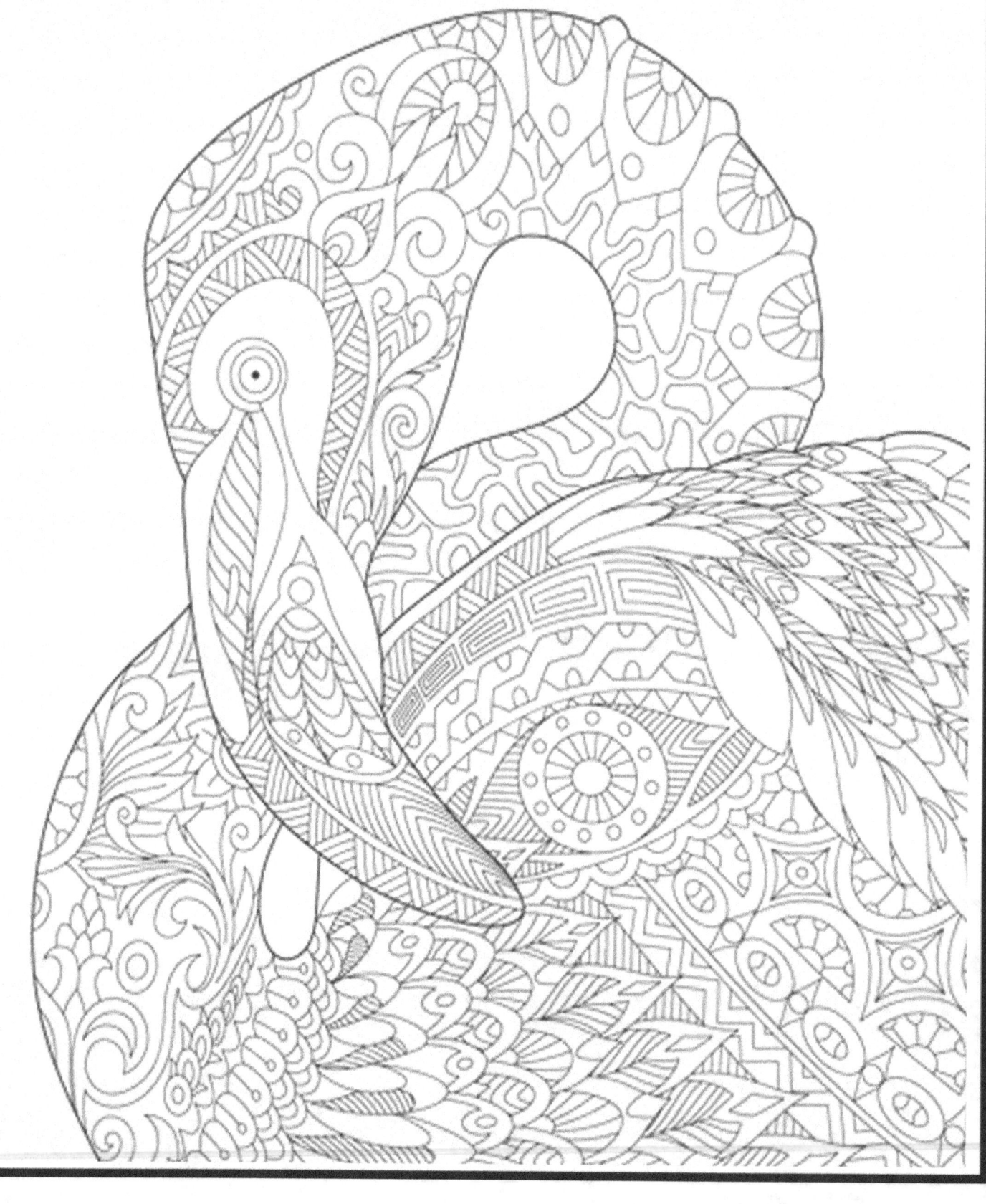

Colora Questo Fenicottero

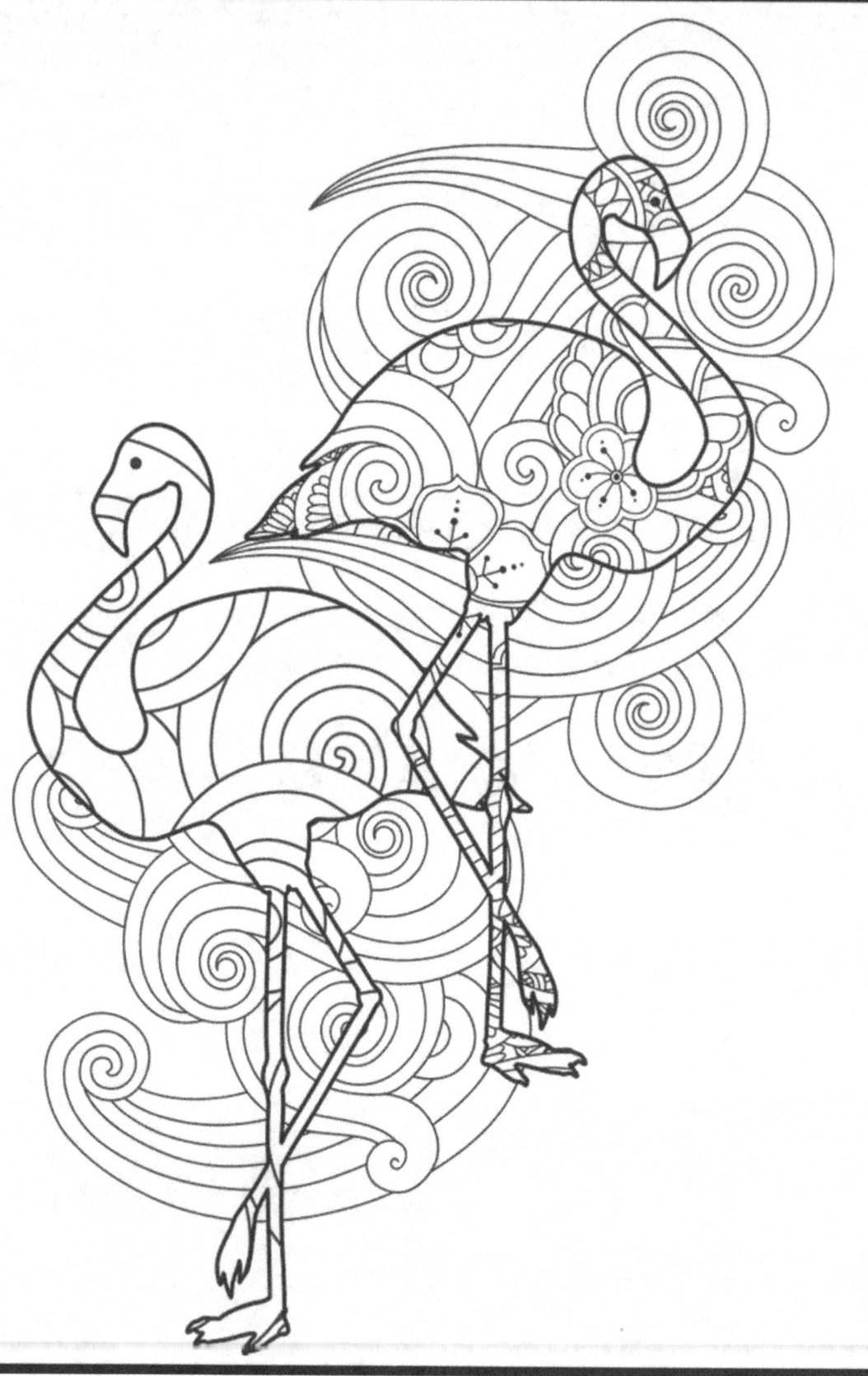

Colora Questo Fenicottero

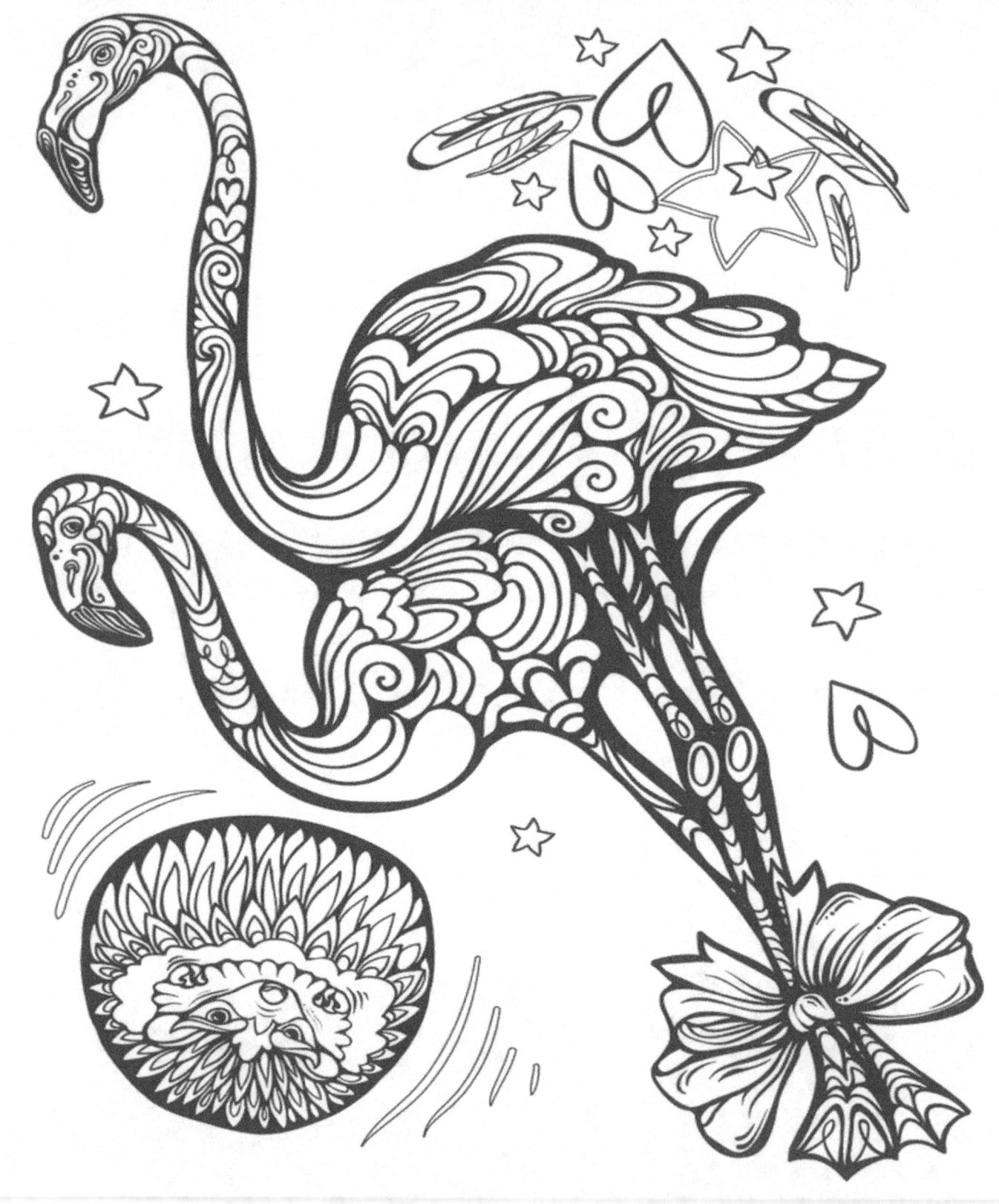

Colora Questo Fenicottero

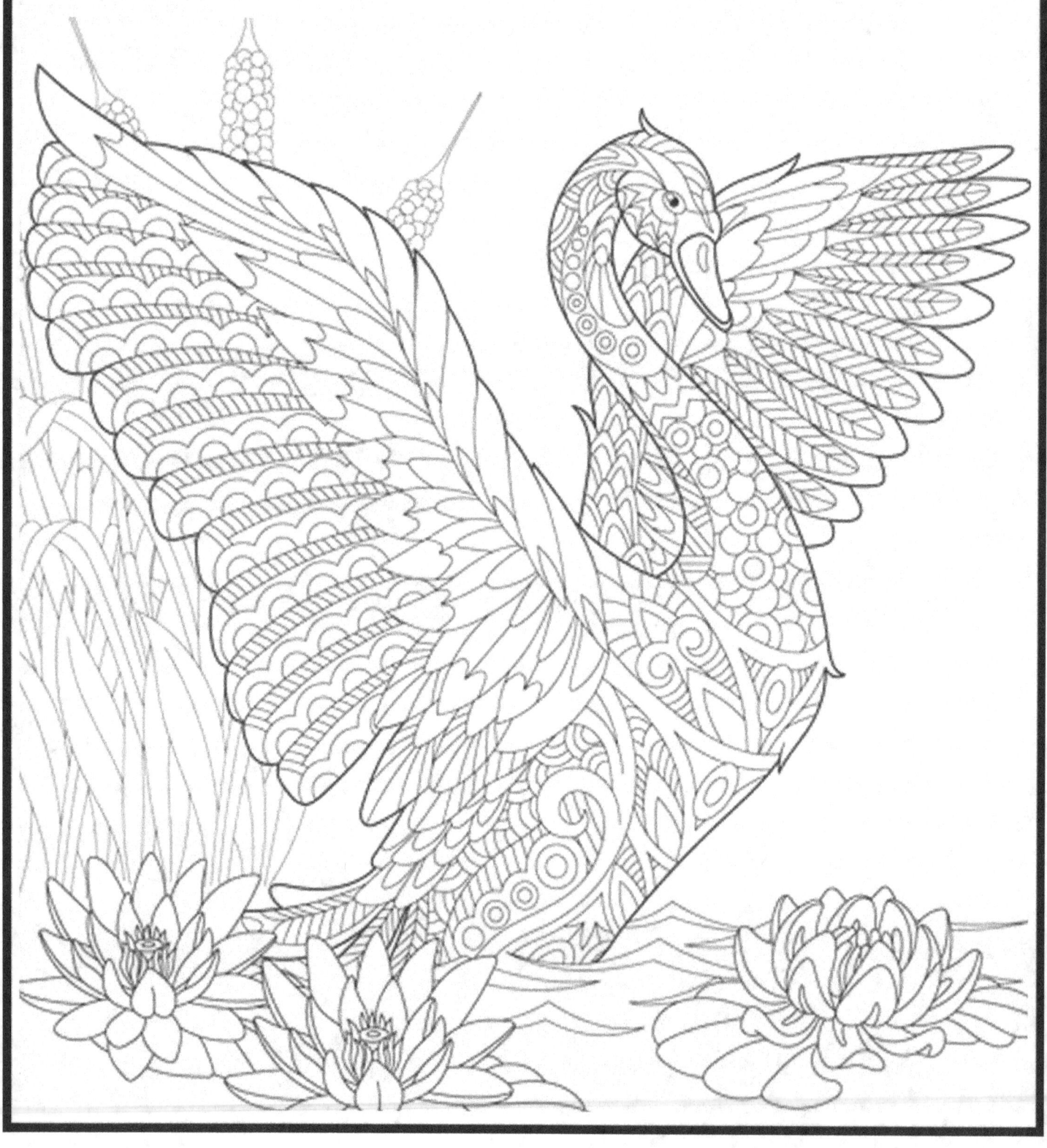

Colora Questo Fenicottero

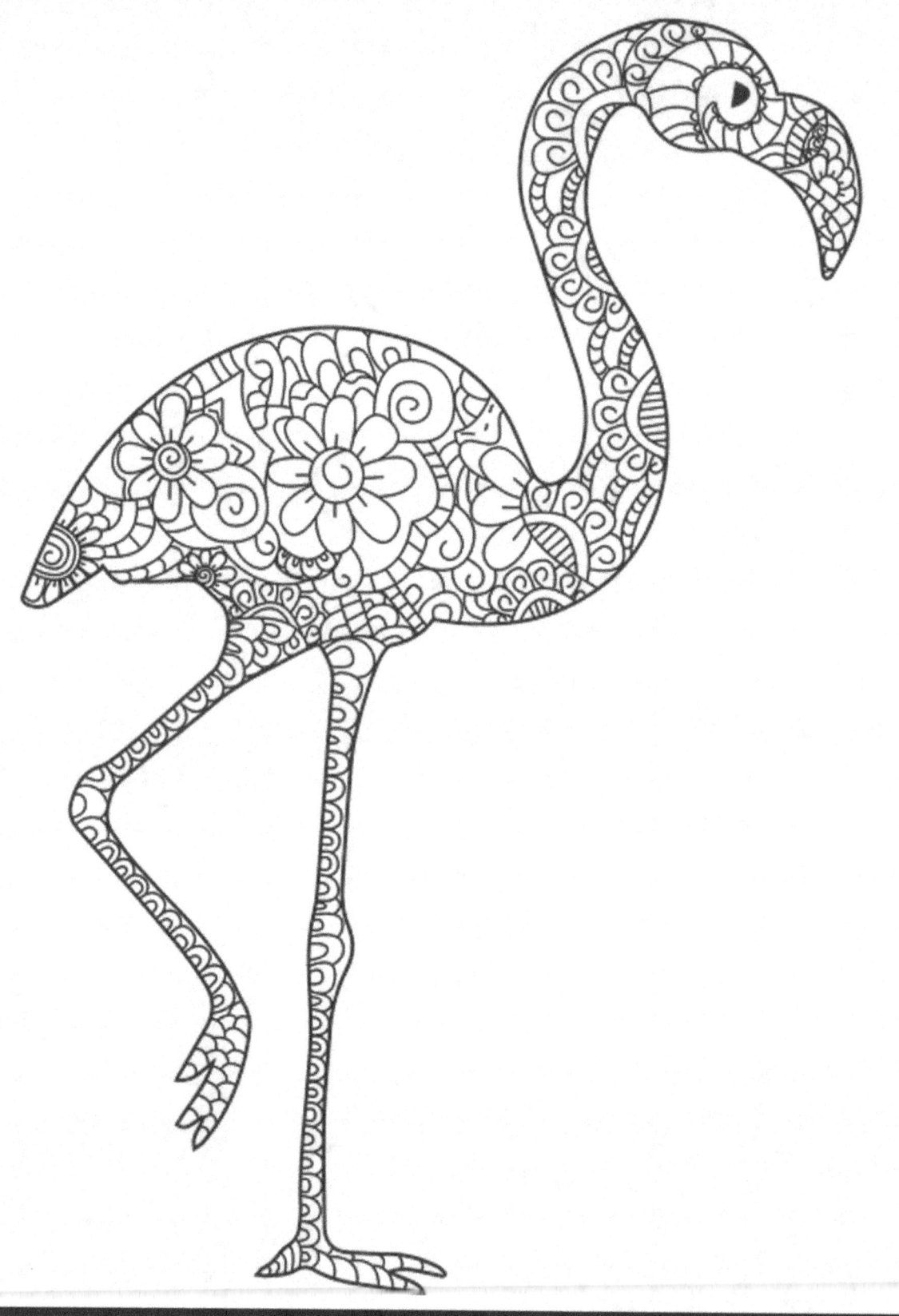

Colora Questo Fenicottero

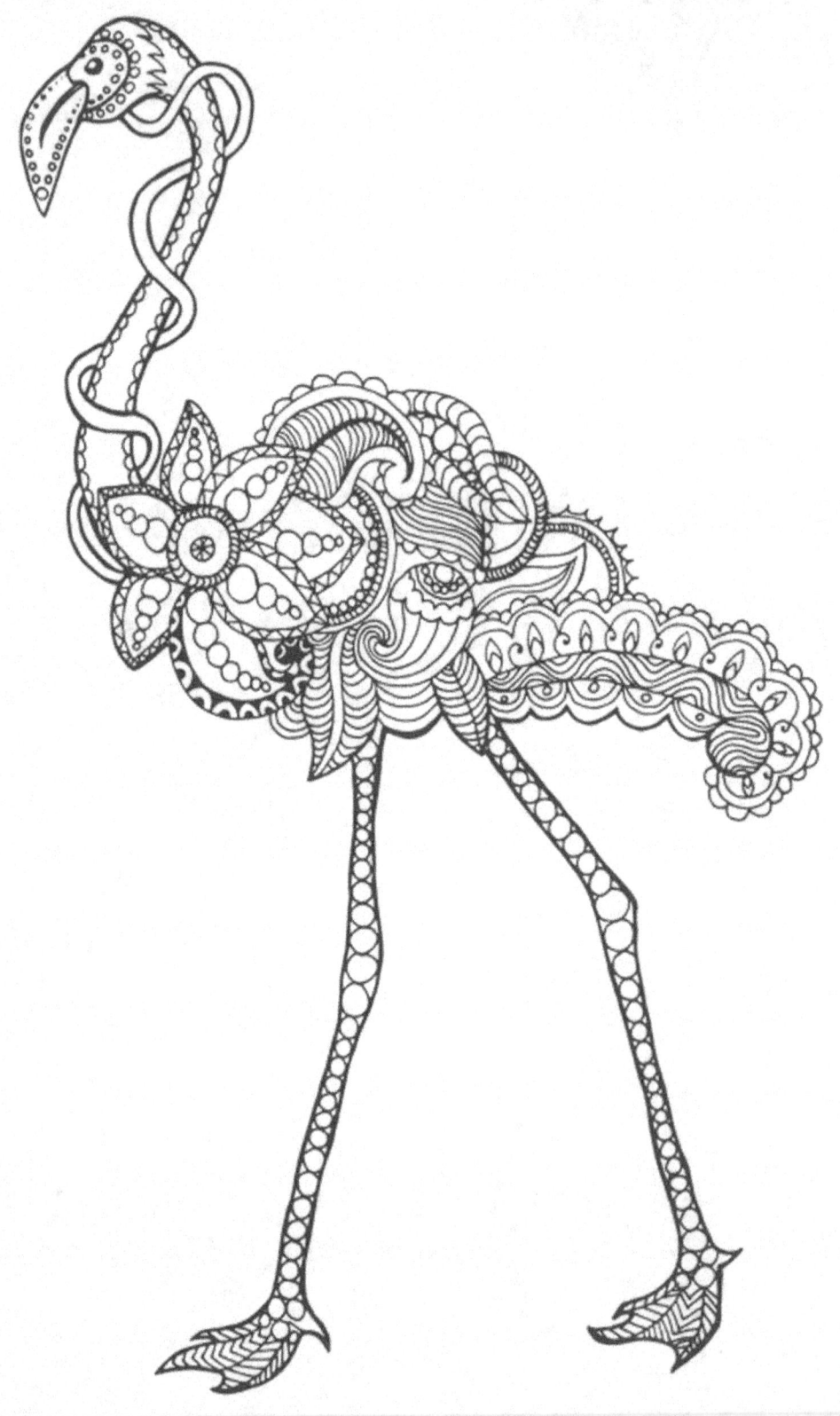

Colora Questo Fenicottero

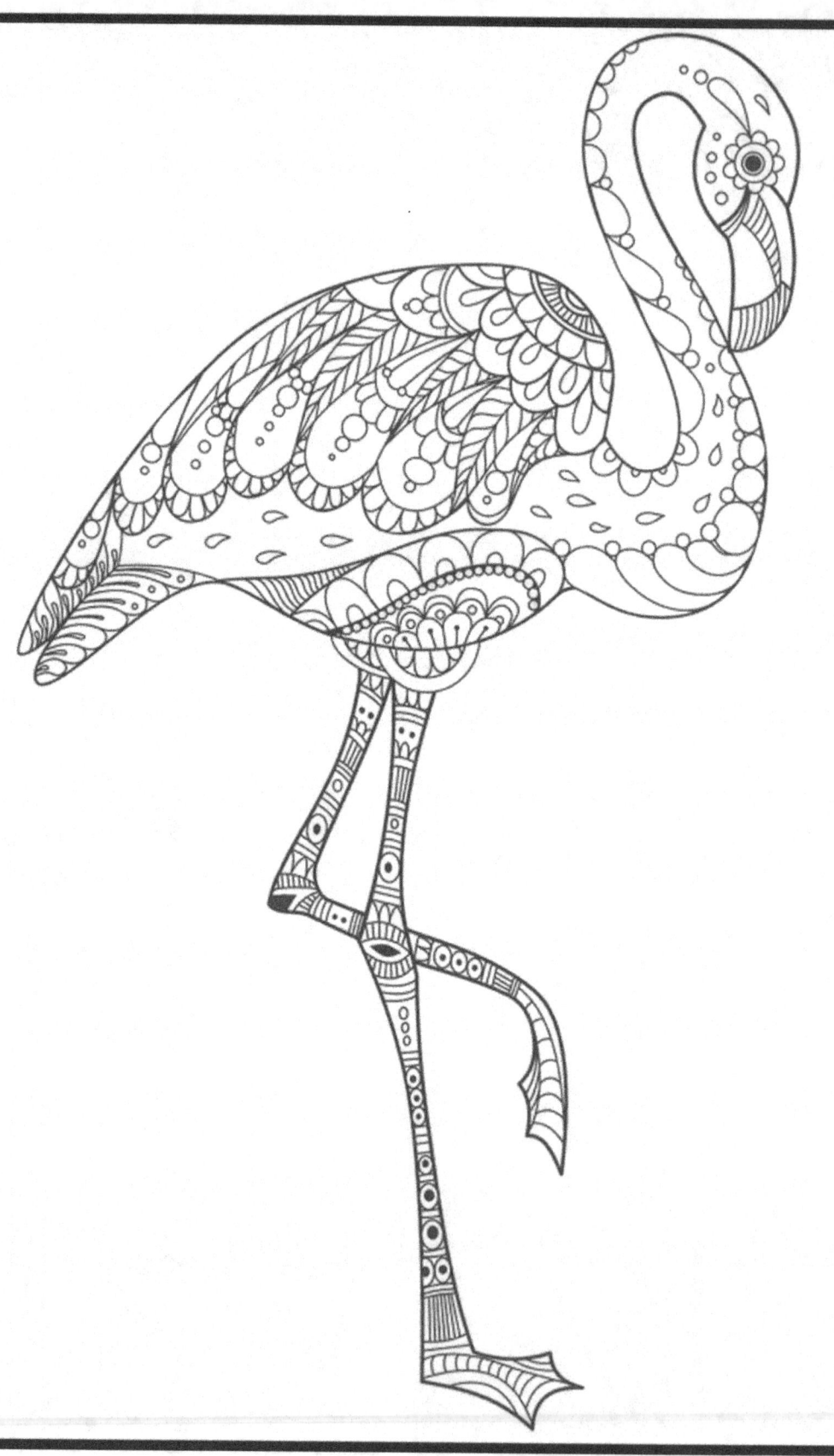

Colora Questo Fenicottero

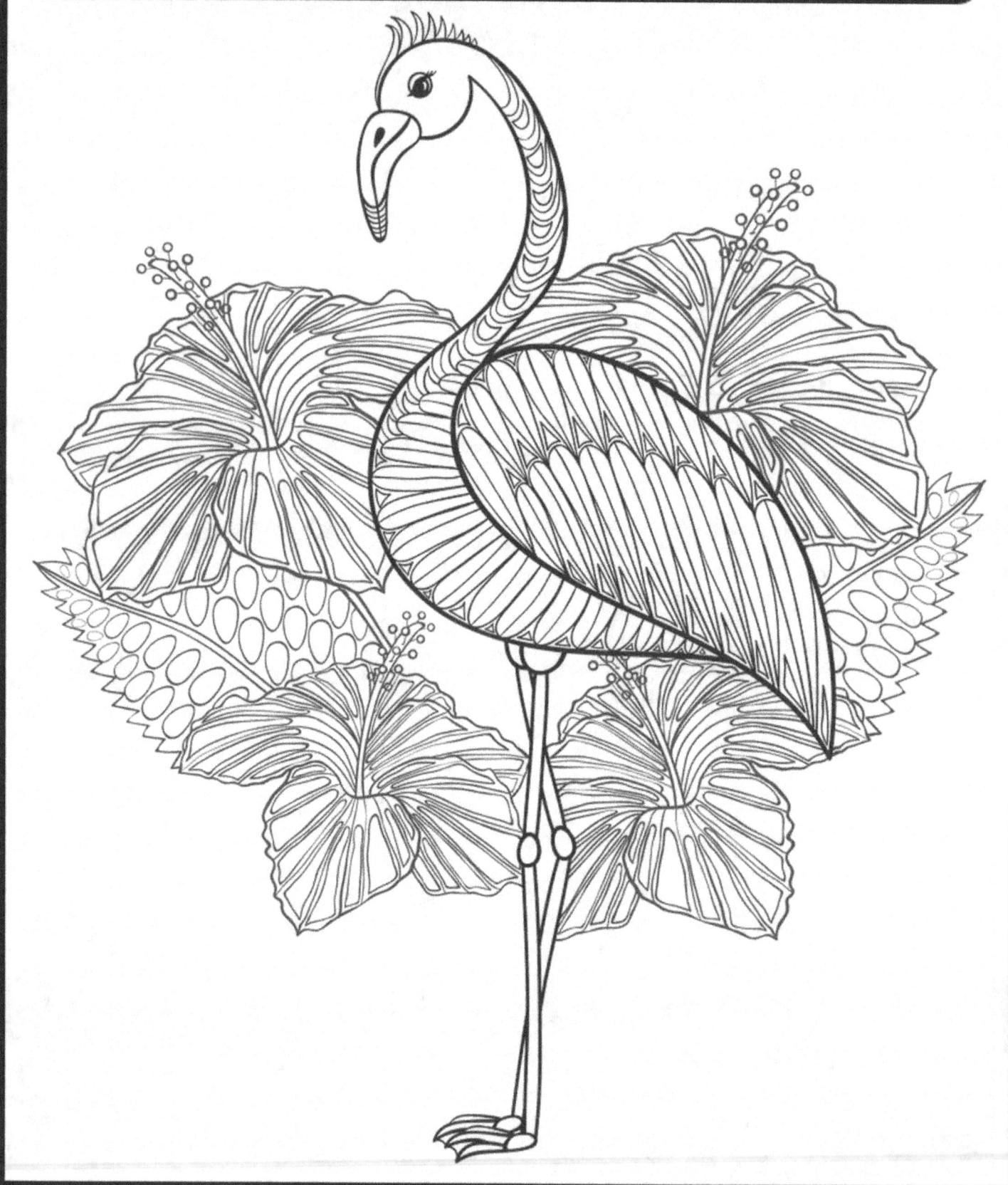

Colora Questo Fenicottero

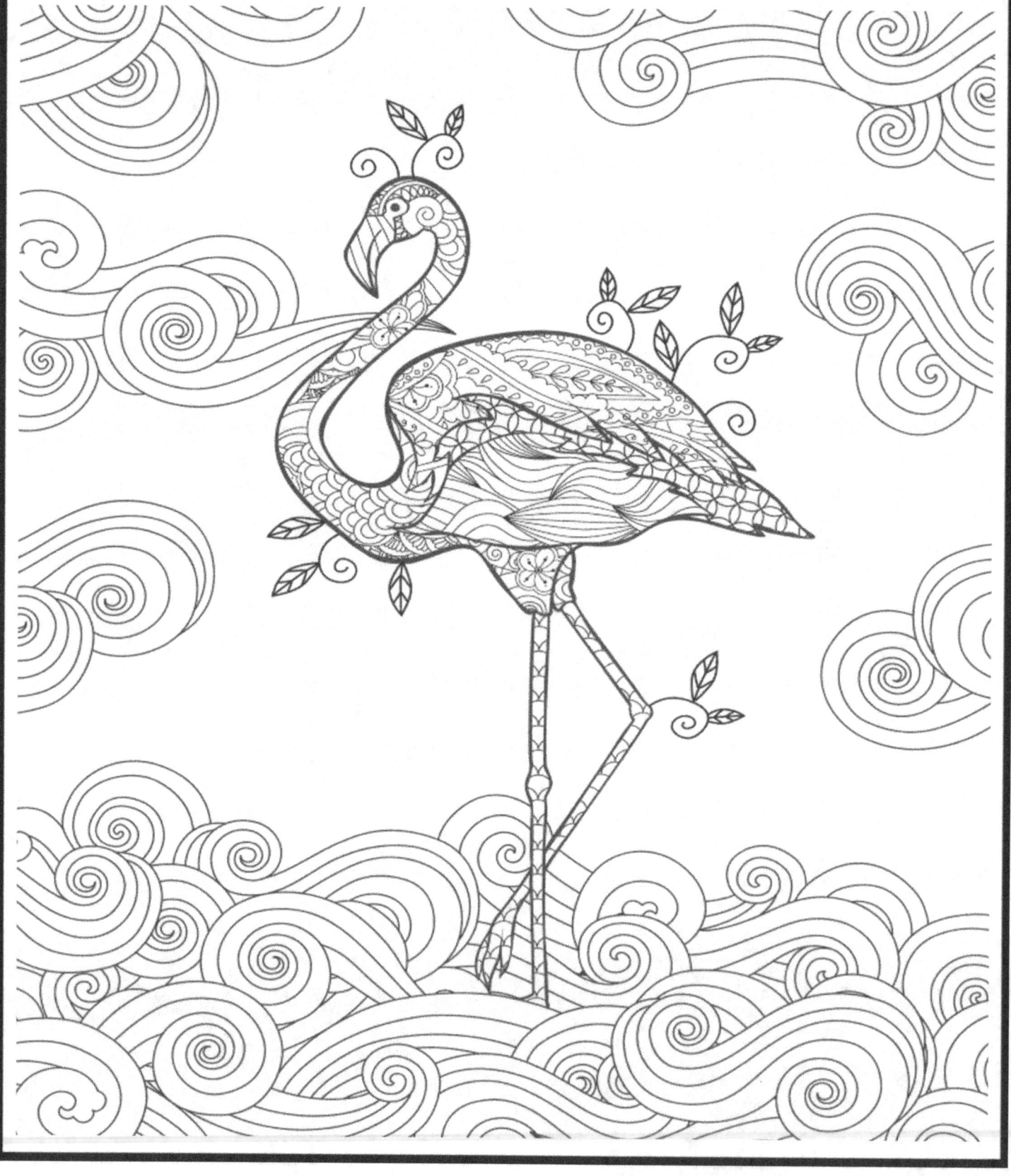

www.ingramcontent.com/pod-product-compliance
Lightning Source LLC
Chambersburg PA
CBHW080531220526
45465CB00006B/2668